Maibowle und Martinsgans

Ira König

Maibowle und Martinsgans

Kulinarische Bräuche neu entdeckt

Jan Thorbecke Verlag

VERLAGSGRUPPE PATMOS

PATMOS
ESCHBACH
GRÜNEWALD
THORBECKE
SCHWABEN

Die Verlagsgruppe
mit Sinn für das Leben

MIX
Papier aus verantwortungsvollen Quellen
FSC® C028513
FSC www.fsc.org

Für die Schwabenverlag AG ist Nachhaltigkeit ein wichtiger Maßstab ihres Handelns. Wir achten daher auf den Einsatz umweltschonender Ressourcen und Materialien. Dieses Buch wurde auf FSC®-zertifiziertem Papier gedruckt. FSC (Forest Stewardship Council®) ist eine nicht staatliche, gemeinnützige Organisation, die sich für eine ökologische und sozial verantwortliche Nutzung der Wälder unserer Erde einsetzt.

www.thorbecke.de

Gestaltung: Finken & Bumiller,
Chandima Soysa
Druck: Süddeutsche Verlagsgesellschaft, Ulm
Hergestellt in Deutschland
ISBN 978-3-7995-0721-9

Inhalt

Man tanzt, man schwatzt, man kocht,
man trinkt, man liebt.
Nun sage mir, wo es was Bessres gibt.

(Johann Wolfgang von Goethe)

Vorwort

Die menschliche Leidenschaft für geselliges Beisammensein ist schon so alt wie die Menschheit selbst. Noch heute feiern wir am liebsten in Gemeinschaft und genießen dabei gutes Essen und Trinken. Früher wurden Feiern und die dazugehörigen Festtagsrezepte noch stark durch bäuerliche und dörfliche Traditionen, die Jahreszeiten, das Kirchenjahr oder alte überlieferte Bräuche bestimmt.

In diesem Buch werden einige dieser kulinarischen Bräuche vorgestellt. Es klären sich Fragen wie: Woher haben Springerle ihren Namen oder warum wird am 6. Januar ein Kuchen gebacken, in dem eine Mandel versteckt ist? Woran soll uns die Form unseres Weihnachtsstollens erinnern, und wer gab dem knusprigen Spekulatius seinen Namen?

Natürlich gibt es auch die passenden Rezepte zum Ausprobieren. Und da früher zu besonderen Festtagen an gehaltvollen Zutaten wie guter Butter, Eiern und Sahne nicht gespart wurde, schmecken die Rezepte auch wie in der guten alten Zeit.

Drehen Sie kulinarisch das Rad zurück und lassen Sie sich in vergangene Zeiten entführen.

Viel Spaß dabei wünscht
Ira König

Die Rezepte

Neujahr bis Fastnacht

Neujahrsrad

Früher war es üblich, Nachbarn, Paten und Verwandte an Neujahr zu besuchen, um Glückwünsche und Neujahrsgebäck zu überbringen. Das konnten Brezeln, Kringel, Räder oder Zöpfe aus Teig sein, die oft mit Sprüchen und Symbolen reich verziert waren. Sie alle sollten den Empfänger vor Unheil und Dämonen schützen und ein glückliches, gesundes und langes Leben bringen.

1. Das Mehl in eine Schüssel geben und in die Mitte eine Mulde drücken. Die Milch lauwarm erwärmen und die Hefe zerbröckeln. 6 EL lauwarme Milch und Hefe in die Mulde geben und mit 1 Prise von dem Zucker und etwas Mehl verrühren. Zugedeckt an einem warmen Ort 20 Minuten gehen lassen.

2. Die übrige lauwarme Milch, die Butter, den Zucker, 1 Prise Salz, 2 Eier und die Zitronenschale zugeben und zu einem glatten Teig verkneten. Zugedeckt 1 Stunde an einem warmen Ort gehen lassen.

3. Den Teig auf einer bemehlten Arbeitsfläche durchkneten und in vier gleich große Stücke teilen. Aus drei Stücken je einen Kringel (20 cm Ø) formen. Den übrigen Teig wieder verkneten und für jedes Rad je acht Teigstränge (à 5 cm) formen, mit Wasser befeuchten und kreisförmig (radspeichenförmig) in das Innere des Kringels legen und festdrücken. Die Räder zugedeckt auf einem mit Backpapier belegten Backblech 20 Minuten gehen lassen.

4. Das Ei und das Eigelb mit etwas Salz verquirlen und die Räder damit bestreichen. 10 Minuten trocknen lassen und wieder bestreichen. Die Neujahrsräder bei 200 °C 20 Minuten backen.

Zutaten (für drei Räder)
550 g Mehl
250 ml Milch
½ Würfel frische Hefe
100 g Zucker
100 g weiche Butter
Salz
2 Eier
abgeriebene Schale einer Bio-Zitrone
Zum Bestreichen:
1 Ei + 1 Eigelb
Mehl zum Bearbeiten

Dreikönigskuchen

Am 6. Januar ist Dreikönigstag. Die drei Weisen aus dem Morgenland, später Kaspar, Melchior und Balthasar genannt, folgten dem Stern nach Bethlehem. Sie hatten sich auf den Weg zum neugeborenen König gemacht. Traditionell werden an diesem Tag Kuchen gebacken, in denen eine Mandel, Bohne oder Münze versteckt ist. Wer sie findet, ist König der Familie für diesen Tag.

Zutaten (für einen Kuchen)
80 g Rosinen
450 g Mehl
100 ml + 2 EL Milch
½ Würfel frische Hefe
80 g Zucker
100 g Butter
3 Eier
½ TL abgeriebene Zitronenschale
1 Mandel
1 EL Hagelzucker
Mehl zum Bearbeiten

1. Die Rosinen in Wasser einweichen. Das Mehl in eine Schüssel geben und in die Mitte eine Mulde drücken. 120 ml Milch lauwarm erwärmen, die Hefe zerbröckeln. Die erwärmte Milch und die zerbröckelte Hefe in die Mulde geben und mit etwas Mehl und ½ TL von dem Zucker verrühren. Den Vorteig 20 Minuten an einem warmen Ort gehen lassen.

2. Die Rosinen abtropfen lassen. Die Butter schmelzen und vom Herd nehmen. 1 Ei trennen und das Eigelb zur Seite stellen. Die übrigen Eier und das Eiweiß, die flüssige Butter, den übrigen Zucker, die Zitronenschale und die Rosinen zum Mehl geben und alles zu einem glatten Teig verkneten. Den Teig zugedeckt 1 Stunde an einem warmen Ort gehen lassen.

3. Den Teig auf einer bemehlten Arbeitsfläche nochmals durchkneten und in sieben gleich große Stücke teilen und zu Kugeln formen. In eine dieser Kugeln die Mandel stecken. 1 Kugel auf ein mit Backpapier ausgelegtes Backblech setzen und rundherum mit Wasser bestreichen. Die übrigen Kugeln darumsetzen. Das übrige Eigelb und 2 EL Milch verquirlen und die Teigoberfläche damit bestreichen und mit Hagelzucker bestreuen. Den Dreikönigskuchen bei 180 °C 30-35 Minuten goldbraun backen.

Fastnachtskrapfen

Fastnacht, Karneval oder Fasching wird mit prächtigen Umzügen im Februar gefeiert. Schon vor dem 12. Jahrhundert war Fastnacht als Vorfrühlingsfest bekannt. Die Menschen feierten laut und bunt mit allerlei Narreteien, um sich ihre Angst vor Kälte, Sturm und Nebel von der Seele zu spielen. Zur Fastnacht wurden seit jeher Speisen zubereitet, die sich noch einmal durch große Üppigkeit auszeichneten, bevor dann die Fastenzeit begann. Die in Fett ausgebackenen Krapfen sind eine typische Fastnachtsspeise.

Zutaten (für ca. 20 Stück)

500 g Mehl
250 ml Milch
1 Würfel frische Hefe
75 g + 5 EL Zucker
50 g weiche Butter
1 Prise Salz
4 Eigelb + 1 Eiweiß
5 EL Pflaumenmus oder Johannisbeergelee
1,5 kg Butterschmalz
Mehl zum Bearbeiten

1. Das Mehl in eine Schüssel geben und eine Mulde hineindrücken. Die Milch lauwarm erwärmen. Die Hefe in die Mulde bröckeln. 1 Prise von den 75 g Zucker und 100 ml lauwarme Milch zufügen und mit etwas Mehl zu einem Vorteig verrühren. Zugedeckt 20 Minuten an einem warmen Ort gehen lassen.

2. Die Butter schmelzen. Den übrigen Zucker und das Salz zum Mehl in die Schüssel geben und vermischen. Die Eigelbe, die übrige Milch und die geschmolzene Butter zugeben und alles zu einem glatten Teig verkneten. Zugedeckt 1 Stunde an einem warmen Ort gehen lassen.

3. Den Teig auf einer bemehlten Fläche 1,5 cm dick ausrollen und mit einem Glas oder einer Tasse ca. 5 cm große Kreise ausstechen. In die Hälfte der Kreise eine kleine Mulde drücken und jeweils etwas Mus oder Gelee hineingeben. Die Teigränder mit Eiweiß bestreichen und mit einem zweiten Teigkreis bedecken. Die Ränder vorsichtig festdrücken. Unter einem Tuch weitere 30 Minuten gehen lassen.

4. Das Butterschmalz erhitzen und den Stiel eines Kochlöffels in das heiße Fett halten. Steigen an dem Stiel Bläschen empor, ist die richtige Temperatur erreicht. Die Teiglinge portionsweise 2-3 Minuten goldbraun ausbacken, dabei einmal wenden. Die Krapfen noch heiß in 5 EL Zucker wälzen.

Fastenzeit

Fastensuppe

Die christliche Fastenzeit beginnt mit dem Aschermittwoch, dauert 40 Tage und endet mit dem Karsamstag. Ruhe, Besinnung und innere Einkehr stehen im Vordergrund. In dieser Zeit sollten sich Christen deshalb sinnlicher Genüsse enthalten. Ursprünglich durfte nur einmal am Tag eine sättigende Mahlzeit zu sich genommen werden, die weder Fleisch, Eier, Milch noch Milchprodukte enthalten durfte.

Zutaten (für 4 Personen)
1 Bund Suppengrün
100 g Grünkernschrot
1,3 l Gemüsebrühe
Salz
Pfeffer
Zitronensaft
geriebene Muskatnuss
je ½ Bund Schnittlauch und Petersilie

1. Das Suppengrün putzen bzw. schälen, waschen und klein schneiden. Den Grünkernschrot in einem Topf unter Rühren so lange rösten, bis er duftet. Die Brühe, das Suppengrün und 1 Prise Salz zugeben und 30 Minuten köcheln lassen, dabei regelmäßig umrühren.

2. Die Suppe fein pürieren und mit Salz, Pfeffer, Zitronensaft und Muskat abschmecken. Die Kräuter waschen, trockentupfen und hacken bzw. in Röllchen schneiden. Die Suppe mit den Kräutern anrichten.

Dampfnudeln

Auch wenn diese üppigen Hefeklöße nicht gerade nach Verzicht klingen, gehören sie zu den traditionellen Speisen in der Fastenzeit. Heute sind die religiösen Fastenregeln nicht mehr so streng wie früher – ursprünglich musste man neben Fleisch auch auf Milch und Eier verzichten.

Zutaten (für 4–6 Personen)
500 g Mehl
250 ml + 500 ml Milch
1 Würfel frische Hefe
160 g Zucker
2 Eier
1 Prise Salz
50 g Butter

1. Das Mehl in eine Schüssel sieben und in die Mitte eine Mulde drücken. 250 ml Milch lauwarm erwärmen. Die Hefe in die Mulde bröckeln, 8 EL lauwarme Milch, 1 Prise Zucker und etwas Mehl vom Rand zugeben und zu einem Vorteig verrühren. Zugedeckt 20 Minuten an einem warmen Ort gehen lassen.

2. Die restliche erwärmte Milch, 60 g Zucker, Eier und Salz zugeben und alles zu einem glatten Teig verkneten. Den Teig zudecken und an einem warmen Ort 30 Minuten gehen lassen. Aus dem Teig 8 Klöße formen und weitere 15 Minuten gehen lassen.

3. In einer flachen Form 500 ml Milch, die Butter und den übrigen Zucker erwärmen. Die Klöße hineinsetzen und die Form gut verschließen. 15 Minuten bei 180 °C im vorgeheizten Backofen dämpfen. Dann die Dampfnudeln 10 Minuten offen fertig backen.

Tipp: Dazu schmeckt Kompott und Vanillesoße.

Ostern

Lammkeule

Zum Osterfest hat das Lamm eine besondere Bedeutung. Es steht für Reinheit, Unschuld und Hingabe und soll den stellvertretenden Tod Jesu Christi am Kreuz symbolisieren. Zu früherer Zeit wurde das Fleisch eines Lammes zur Weihe in die Kirche gebracht. Heute zeugen gebackene Lämmer aus süßem Teig, aus Butter geformte Lämmer oder Gerichte mit Lammfleisch von dieser alten Tradition.

Zutaten (für 4–6 Personen)

2 Knoblauchzehen
1 Zweig Rosmarin
3 Stiele Thymian
5 EL Olivenöl
1 Lammkeule mit Knochen (1,5 kg)
Salz
Pfeffer
400 ml Lammfond oder Fleischbrühe
1,2 kg kleine Kartoffeln

1. Den Knoblauch schälen und fein hacken. Die Kräuter waschen und trockentupfen. Die Blättchen bzw. Nadeln abzupfen und fein hacken. Den Knoblauch, die Kräuter und das Olivenöl verrühren. Die Lammkeule waschen, trockentupfen und rundherum mit dem Würzöl bestreichen. Die Keule auf die Fettpfanne des Backofens geben und bei Zimmertemperatur zugedeckt 3 Stunden ziehen lassen.

2. Die Keule rundherum kräftig mit Salz und Pfeffer würzen. Im vorgeheizten Ofen bei 200 °C auf der mittleren Schiene 30 Minuten anbraten, dabei einmal wenden. Dann 150 ml Fond auf die Fettpfanne gießen und die Keule im heißen Ofen bei 180 °C 1 ½ Stunden schmoren. Die Kartoffeln schälen und waschen. Nach 30 Minuten die Kartoffeln um die Keule verteilen, mit Salz und Pfeffer würzen und den übrigen Lammfond angießen, fertig garen. Dabei die Kartoffeln einmal wenden. Die fertige Lammkeule vor dem Anschneiden kurz ruhen lassen. Dazu schmecken grüne Bohnen.

Grüne Pfannkuchen

Der Brauch, an Gründonnerstag Speisen mit grünen Zutaten zu essen, ist in ganz Deutschland verbreitet. Nudeln mit grüner Gemüsefüllung sind in Schwaben Tradition. In Hessen isst man eine kalte grüne Soße mit sieben verschiedenen Kräutern zu Pellkartoffeln. In Hamburg wurde eine Suppe mit reichlich grünen Kräutern zubereitet. Die Pfannkuchen stammen aus dem Schwarzwald.

Zutaten (für 8 Stück)
8 Eier
500 ml Milch
Salz
250 g Mehl
je 1 Bund Petersilie, Dill und Schnittlauch
1 Zitrone
80 g Butter

1. Die Eier, die Milch und 1 TL Salz verquirlen. Das Mehl nach und nach unterrühren, so dass keine Klümpchen entstehen. Den Teig 10 Minuten quellen lassen.

2. Inzwischen die Kräuter waschen, trockentupfen, abzupfen und fein hacken. Die Zitrone waschen und die Hälfte der Schale fein abreiben. Die Kräuter und die Zitronenschale unter den Teig rühren.

3. Die Butter portionsweise in einer Pfanne erhitzen und aus dem Teig 8 Pfannkuchen backen. Die fertigen Pfannkuchen warm stellen.

Osterzopf

Ostern ist eines der ältesten Feste, die wir feiern. Die Christen begehen die Auferstehung Jesu von den Toten. Es war schon immer ein sehr geselliges Fest, an dem man fröhlich gemeinsam getrunken und gegessen hat. Das älteste bekannte Gebäck zu Ostern ist ein gebackener Osterfladen, der als Symbol der Sonne galt. Heute finden sich vielerlei Gebäcke auf den österlichen Festtafeln. Oft sind es Tiere in Gebäckform, z. B. Hasen, Lämmer, aber auch Osterbrot und Osterzöpfe.

Zutaten (für einen Zopf)
375 g Mehl
125 ml + 3 EL Milch
½ Würfel frische Hefe
50 g Zucker
75 g Butter
50 g Rosinen
2 Eier
1 Prise Salz
Mehl zum Bearbeiten

1. Das Mehl in eine Schüssel geben und eine Mulde hineindrücken. 125 ml Milch lauwarm erwärmen. Die Hefe in die Mulde bröckeln, 1 Prise von dem Zucker und 5 EL von der lauwarmen Milch zugeben. Mit etwas Mehl in der Mulde zu einem Vorteig verrühren. Zugedeckt an einem warmen Ort ca. 20 Minuten gehen lassen.

2. Die Butter schmelzen, vom Herd nehmen. Die Rosinen heiß abspülen und abtropfen lassen. 1 Ei trennen, das Eigelb zur Seite stellen. Die übrige erwärmte Milch, den Zucker, das Ei, das Eiweiß, das Salz, die geschmolzene Butter und die Rosinen zum Vorteig geben und alles gut verkneten. Den Teig an einem warmen Ort zugedeckt 1 Stunde gehen lassen.

3. Den Teig durchkneten und dritteln. Jede Portion zu einem 50 cm langen Strang rollen. Die Stränge zu einem Zopf flechten, die Enden festdrücken und nach unten einschlagen. Den Zopf auf ein Blech mit Backpapier legen, mit einem Küchentuch abdecken und noch mal 15 Minuten gehen lassen. Das übrige Eigelb und 3 EL Milch verquirlen und den Zopf damit bestreichen. Den Zopf im heißen Ofen bei 200 °C 20–25 Minuten goldgelb backen.

Kulitsch

Dieser üppige Hefekuchen steht Ostern auf jedem russischen Frühstückstisch. Mit seiner typischen Form, die beim Backen entsteht, sieht er aus wie die Kuppel einer russischen Kirche. Er wurde ursprünglich in Konservendosen gebacken. Wir nehmen eine runde Auflaufform und backen einen großen Kuchen für alle.

1. Das Mehl in eine Schüssel geben und eine Mulde hineindrücken. Die Milch lauwarm erwärmen. Die zerbröckelte Hefe, die Milch und 1 Prise von dem Zucker in die Mulde geben und alles mit etwas Mehl zu einem Vorteig verrühren. Zugedeckt 20 Minuten an einem warmen Ort gehen lassen.

2. Die Butter schmelzen und vom Herd nehmen. 1 Ei trennen, das Eiweiß zur Seite stellen. 100 g Zucker, 1 Ei und Eigelb, geschmolzene Butter, Schmant und ½ TL Salz zum Mehl geben und alles zu einem glatten Teig verkneten. Den Teig zugedeckt 1 Stunde gehen lassen.

3. Die Rosinen unterkneten. Eine runde Form (18 cm Ø) ausfetten und den Teig hineingeben. Bei 180 °C auf der untersten Schiene 50 Minuten backen. Den fertigen Kuchen aus dem Ofen nehmen, etwas abkühlen lassen und vorsichtig stürzen. Das übrige Eiweiß und den übrigen Zucker so lange verquirlen, bis sich der Zucker vollständig gelöst hat. Den Guss auf dem warmen Kuchen verteilen und sofort mit Streuseln bestreuen.

Zutaten (für einen Kuchen)
375 g Mehl
80 ml Milch
½ Würfel frische Hefe
170 g Zucker
100 g Butter
2 Eier
3 EL Schmant (zimmerwarm)
Salz
50 g Rosinen
2 EL bunte Zuckerstreusel
Fett für die Form

Italienische Ostertorte mit Spinat

Der herzhafte Osterkuchen „Torta pasqualina" kommt ursprünglich aus Ligurien und hat zu Ostern in Italien eine lange Tradition. Frischer Spinat und knackige Frühlingskräuter sorgen für kräftiges Aroma. Fontina und Ricotta, beides berühmte italienische Käsesorten, geben der Spinatmasse Halt und ergänzen den kräftigen Geschmack. Die Torte hatte früher 33 dünne Teigschichten, sie sollten an die angenommenen 33 Lebensjahre Jesu erinnern.

Zutaten (für eine Torte)

TEIG:
400 g Mehl
1 gestrichener TL Salz
200 g kalte Butter
1 Ei

FÜLLUNG:
1,5 kg Blattspinat
1 Knoblauchzehe
1 Zwiebel
3 EL Olivenöl
Salz
Pfeffer
200 g gemischte Frühlingskräuter (Dill, Petersilie, Schnittlauch, Estragon und Kerbel)
200 g Fontinakäse
250 g Ricotta
6 Eier
1 Eigelb
2 EL Schlagsahne
Fett für die Form
Mehl zum Bearbeiten

1. Das Mehl, das Salz, die Butter in Stückchen und das Ei zu einen geschmeidigen Teig verkneten. Evtl. noch 2-3 EL kaltes Wasser zugeben. Zugedeckt 1 Stunde kalt stellen.

2. Den Spinat putzen, gründlich waschen und abtropfen lassen. Den Knoblauch und die Zwiebel schälen und fein hacken. Das Öl in einem großen Topf erhitzen und den Knoblauch und die Zwiebel darin anbraten. Den Spinat zugeben und unter Wenden zusammenfallen lassen. Mit Salz und Pfeffer würzen und vom Herd nehmen.

3. Die Kräuter waschen, trockentupfen und hacken. Den Fontina reiben. Den Spinat ausdrücken und fein hacken. Spinat, Kräuter, Ricotta, geriebenen Fontina und 1 Ei glatt verkneten. Die Masse mit Salz und Pfeffer würzen.

4. Den Teig auf einer bemehlten Arbeitsfläche ausrollen und zwei Kreise (30 cm Ø) ausschneiden. Aus einem Kreis in der Mitte ein Loch (2 cm Ø) ausstechen. Eine gefettete Springform (28 cm Ø) mit dem Teigkreis ohne Loch auslegen. Den übrigen Teig ausrollen und einen Rand von 5 cm Höhe formen und die Form damit auskleiden. Die Spinatmasse einfüllen und mit einem Löffel fünf Mulden in den Spinat drücken. Jeweils ein Ei aufschlagen und in die Mulden geben. Den Teigrand mit kaltem Wasser bestreichen und den zweiten Teigkreis daraufsetzen und die Ränder vorsichtig festdrücken. Mit einer Gabel Kerben in den Rand drücken.

5. Den übrigen Teig ausrollen und österliche Motive ausstechen. Die Teigfiguren mit kaltem Wasser bestreichen und auf den Deckel setzen. Das Eigelb und die Sahne verrühren und die Oberfläche damit bestreichen. Die Spinattorte auf die untere Schiene in den kalten Ofen stellen, auf 200 °C schalten und 1 Stunde backen.

Tipp: Die Spinattorte schmeckt lauwarm am besten.

Pas'cha

In Russland bleibt der Frühstückstisch zu Ostern den ganzen Tag über gedeckt. Jeder kann sich dort nach Lust und Laune bedienen. Es gibt Fisch, Schinken, bunte Ostereier, gefüllte Teigtaschen und vieles mehr. Die Krönung der Ostertafel ist die Pas'cha, eine üppige Süßspeise aus Quark, Sahne, Eiern und Vanille, zum Schluss prächtig verziert mit kandierten Früchten.

Zutaten (für 8–10 Personen)

850 g Magerquark
350 ml Schlagsahne
1 Vanilleschote
5 Eigelb
100 g weiche Butter
100 g Zucker
150 g gehackte Mandeln
300 g kandierte Früchte (z. B. Belegkirschen, Zitronat und Orangeat)
3 EL geschälte Pistazien (ungesalzen)

1. Quark und Sahne glatt verrühren. Die Vanilleschote einritzen und das Mark herauskratzen. Die Eigelbe, die Butter, den Zucker und das Vanillemark 5 Minuten cremig rühren. Die Quarkmischung unter Rühren esslöffelweise zugeben und unterrühren. Dann die gehackten Mandeln unterheben.

2. Einen Tonblumentopf (17 cm Ø) mit einem Baumwolltuch auslegen. Die Quarkmasse einfüllen und das Tuch oben übereinanderschlagen. Auf das Tuch etwas zum Beschweren, z.B. einen Stein oder eine Konservendose, legen.

3. Pas'cha 12 Stunden so in den Kühlschrank stellen, dass die Flüssigkeit ablaufen kann. Zum Servieren vorsichtig auf einen Teller stürzen und mit kandierten Früchten und Pistazien verzieren.

Griechische Ostersuppe

Zum Osterfest wurde bei den griechischen Hirten auf dem Peloponnes ein Lamm geschlachtet. Während das Fleisch am Spieß knusprig briet, aß man diese reichhaltige Suppe aus Gemüse, Reis und Eiern als Vorspeise. Ursprünglich wurde sie mit Lamminnereien zubereitet. Da Innereien aber nur etwas für echte Liebhaber sind, verwenden wir in diesem Rezept stattdessen lieber ein Huhn.

Zutaten (für 6–8 Personen)

1 große Zwiebel
1 Bund Suppengrün
2 Tomaten
1 Suppenhuhn (ca. 2 kg)
2 Lorbeerblätter
Salz
150 g Langkornreis
200 g Kopfsalat (z. B. Frisée- oder Endiviensalat)
2 Frühlingszwiebeln
125 ml Schlagsahne
2 Eigelb
Pfeffer
Zitronensaft
2 EL gehackte gemischte Kräuter (z. B. Petersilie, Minze und Zitronenmelisse)

1. Die Zwiebel schälen. Das Suppengrün putzen bzw. schälen und waschen. Die Tomaten waschen und vierteln. Die Zwiebel und das Suppengrün grob hacken. Das Huhn innen und außen waschen. Huhn, Lorbeerblätter und Gemüse in einen großen Topf geben und knapp mit Wasser bedecken. Aufkochen und 2 ½ Stunden köcheln lassen. Nach 2 Stunden 1 TL Salz zugeben und fertig garen.

2. Das Huhn aus der Brühe nehmen. Die Brühe durch ein feines Sieb in einen Topf gießen und 2 l abmessen. Den Reis in die Brühe geben, aufkochen und nach Packungsanweisung darin garen.

3. Die Haut vom Huhn entfernen und das Fleisch von den Knochen lösen. Das Fleisch in Stücke zupfen. Den Salat waschen, abtropfen lassen und in feine Streifen schneiden. Die Frühlingszwiebeln putzen, waschen und fein hacken. Die Sahne und die Eigelbe verquirlen.

4. Den Salat, das Fleisch und die Frühlingszwiebeln in die Suppe geben und aufkochen. 3 EL Brühe abnehmen und mit der Eigelbmischung verrühren. Die Suppe vom Herd nehmen und die Eigelbmischung unterrühren. Die Suppe mit Salz, Pfeffer und Zitronensaft abschmecken. Kräuter darüberstreuen und die Suppe sofort servieren.

AP

Mai bis Erntedank

Maibowle

Nach einem langen, kalten Winter ist der Mai jedes Jahr ein herbeigesehnter Monat. Es wird langsam wärmer, und die Menschen feiern den Frühling mit allerlei Bräuchen. Das Aufstellen eines Maibaums, das gemeinsame Maisingen oder der Tanz in den Mai sind bis heute noch gepflegte Traditionen. Eine kühle Maibowle ist das passende Getränk, um den Frühling willkommen zu heißen. Traditionell wird sie am 1. Mai mit selbst gesammeltem Waldmeister angesetzt.

1. Den Waldmeister waschen, trockentupfen und 1 Tag hängend trocknen lassen.

2. Den Wein in ein Bowlegefäß geben und den Waldmeister mit einer Schnur an einen Kochlöffel binden. Den Waldmeister über den Wein hängen, die Schnurlänge dabei so wählen, dass die Stiele nicht mit dem Wein in Berührung kommen. Die Zitrone waschen, in dünne Scheiben schneiden und zum Wein geben. Den Bowlenansatz 3 Stunden kalt stellen.

3. Dann den Waldmeister entfernen, mit Sekt aufgießen und sofort servieren.

Zutaten (für ca. 14 Gläser)
2 Bund Waldmeister (darf nicht blühen)
2 Flaschen eiskalter halbtrockener Weißwein (z. B. Riesling)
1 Bio-Zitrone
1 Flasche eiskalter Rieslingsekt

Wiesensuppe

Ende Juni wird Mittsommernacht gefeiert – in dieser Zeit erreicht die Sonne den nördlichsten Punkt ihrer Umlaufbahn und beschert den Bewohnern nördlich des Polarkreises eine Nacht, in der die Sonne gar nicht untergeht. Die Menschen gehen dann nicht schlafen, sondern essen, trinken und tanzen bis in den nächsten Morgen hinein. In Schweden wird dazu gerne eine frische Gemüsesuppe gereicht. Dazu gibt es Dillkartoffeln, Schnittlauchsoße, Matjessill und Erdbeeren mit Schlagsahne.

Zutaten (für 4 Personen)

1 Stange Lauch
1 großer Kohlrabi
250 g junge Kartoffeln
2 EL Butter
1,3 l Fleischbrühe
250 g Blattspinat
je 1 Bund Schnittlauch, Petersilie, Kerbel und Dill
abgeriebene Schale und Saft ½ Zitrone
150 g Schmant
Salz
Pfeffer
15 Gänseblümchenblüten

1. Den Lauch putzen, waschen und in dünne Ringe schneiden. Den Kohlrabi schälen und würfeln. Die Kartoffeln schälen, waschen und würfeln.

2. Die Butter in einem großen Topf erhitzen. Lauch, Kohlrabi und Kartoffeln zugeben, kurz andünsten und mit der Fleischbrühe ablöschen. Aufkochen und 30 Minuten köcheln lassen.

3. Den Spinat putzen und waschen. Die Kräuter waschen, trockentupfen und fein hacken. Den Spinat, die Hälfte der Kräuter und die Zitronenschale zugeben, unterrühren und die Suppe einmal aufkochen. Den Schmant zugeben, die Suppe fein pürieren. Die Suppe mit Zitronensaft, Salz und Pfeffer abschmecken.

4. Die fertige Suppe in eine Terrine füllen und die übrigen frischen Kräuter daraufstreuen, die Gänseblümchen auf den Kräutern verteilen.

Marienküchlein

Die katholischen Christen feiern am 15. August Mariä Himmelfahrt, die Aufnahme der Mutter Gottes in den Himmel. Maria wird in der Bibel als „Blume des Feldes" und „Lilie der Täler" beschrieben. Zu ihrem Angedenken sammelt man an diesem Tag Wiesenkräuter, die man in der Kirche weihen lässt. Bei der Kräuterweihe bittet man um Gesundheit für Leib und Seele und Schutz vor Gefahren. In alten Kochbüchern findet man süße Hefebrötchen - die Marienküchlein. Hier kommt eine herzhafte Variante mit frischen Sommerkräutern.

Zutaten (für ca. 8 Stück)
250 g Mehl
1 TL Trockenhefe
100 g Butter
100 ml Milch
1 Ei
1 Prise Zucker
1 gestrichenen TL Salz
50 g gemischte Kräuter (z. B. Thymian, Zitronenmelisse und Petersilie)
Mehl zum Bearbeiten

1. Das Mehl und die Hefe in einer Schüssel mischen. Die Butter bei schwacher Hitze schmelzen, die Milch zugießen und die Milch-Butter-Mischung vom Herd nehmen. Kurz abkühlen lassen.

2. Das Ei, den Zucker, das Salz und die Milch-Butter-Mischung zum Mehl geben und alles zu einem glatten Teig verkneten. Den Teig zugedeckt 1 Stunde gehen lassen.

3. Die Kräuter waschen, trockentupfen und abzupfen. Die Kräuterblättchen fein hacken und unter den gegangenen Teig kneten. Den Teig in 8 Stücke teilen und auf einer bemehlten Arbeitsfläche zu Brötchen formen. Bei 200 °C auf einem mit Backpapier belegten Backblech ca. 20 Minuten goldgelb backen.

Zwiebelkuchen

Feste zum Dank für eine gute Ernte sind schon so alt wie der Ackerbau selbst. Diese frühen kultischen Opferfeste wurden durch das Christentum zu Erntedankfesten. Heute wird bei uns am ersten Sonntag im Oktober Erntedank gefeiert. In vielen Kirchen werden Altäre errichtet, auf denen Obst, Gemüse, Ähren und Blumen zusammengetragen werden. In vielen Gegenden wird traditionell Zwiebelkuchen zu Erntedank gebacken.

Zutaten (für einen runden Kuchen)

250 g Mehl
100 ml Milch
½ Würfel frische Hefe
Zucker
50 g Butter
½ TL Salz
4 Eier
100 g durchwachsener Räucherspeck
800 g Zwiebeln
2 EL Öl
300 g Schmant
1 TL Kümmel
Pfeffer
Mehl zum Bearbeiten

1. Das Mehl in eine Schüssel geben und eine Mulde hineindrücken. Die Milch lauwarm erwärmen. Die Hefe in die Mulde bröckeln. 1 Prise Zucker und 5 EL lauwarme Milch zufügen. Den Vorteig zugedeckt an einem warmen Ort 20 Minuten gehen lassen.

2. Die Butter schmelzen, vom Herd nehmen. Die übrige Milch, das Salz, die flüssige Butter und 1 Ei zum Vorteig geben und alles gut verkneten. Den Teig zugedeckt 1 Stunde an einem warmen Ort gehen lassen.

3. Inzwischen den Speck fein würfeln. Die Zwiebeln schälen und in dünne Ringe schneiden. Das Öl erhitzen und den Speck im heißen Öl auslassen, den Speck aus der Pfanne nehmen und die Zwiebeln im heißen Speckfett ca. 10 Minuten weich dünsten, mit etwas Salz würzen. Zwiebeln vom Herd nehmen und den Speck unterheben.

4. Den Schmant, 3 Eier, den Kümmel sowie Salz und Pfeffer verquirlen. Den Teig auf einer bemehlten Arbeitsfläche ausrollen und in die gefettete oder mit Backpapier ausgelegte Tartefom oder Springform (26 cm Ø) legen. Die Zwiebeln daraufgeben und die Schmantmasse darüber verteilen. Den Kuchen bei 180 °C in 40 Minuten goldbraun backen.

Kürbiskuchen zu Thanksgiving

Der Ursprung dieses amerikanischen Feiertages ist nicht ganz geklärt. Historischen Überlieferungen zur Folge ordnete 1621 der damalige Gouverneur von Massachusetts an, das Erntedankfest zusammen mit den benachbarten Indianern zu feiern. Heute wird traditionell an diesem Tag überall im Land mit der Familie groß getafelt. Ein selbstgebackener Kürbiskuchen gehört unbedingt dazu.

1. Das Mehl in eine Schüssel geben, die Butter in Stückchen, 1 Ei, 1 EL kaltes Wasser und das Salz zugeben. Alles zu einem glatten Teig verkneten. Zugedeckt kalt stellen.

2. Den Kürbis vierteln, entkernen und schälen. Das Fruchtfleisch in Stücke schneiden. Den Ingwer schälen und fein reiben. Die Butter in einem Topf erhitzen und Kürbis und Ingwer darin andünsten. 200 ml Wasser zugießen, Zimt, Muskat und Orangenschale zugeben und geschlossen bei mittlerer Hitze 20 Minuten garen, dabei regelmäßig umrühren.

3. Den Zimt entfernen, die Kürbismasse auskühlen lassen. Den Teig auf einer bemehlten Arbeitsfläche ausrollen, in eine Form (24 cm Ø) geben und einen Rand formen. Den Teigboden mit einer Gabel mehrmals einstechen. 3 Eier, den Ahornsirup, den Rum und die Crème double zur Kürbismasse geben und glatt verrühren.

4. Die Kürbismasse auf den Teigboden geben und glatt verstreichen. Den Kuchen im heißen Ofen bei 220 °C 35 Minuten backen.

Zutaten (für einen runden Kuchen)
200 g Mehl
100 g Butter
4 Eier
1 Prise Salz
1 Hokkaido-Kürbis (1 kg)
1 walnussgroßes Stück Ingwer
2 EL Butter
1 Zimtstange
abgeriebene Muskatnuss
abgeriebene Schale von 1 Bio-Orange
6 EL Ahornsirup
3–4 EL brauner Rum
125 g Crème double
Mehl zum Bearbeiten

Kirchweih

Urrädla

Dieses Gebäck wird in Franken seit langer Zeit zu allen hohen Festtagen, wie Hochzeit, Kommunion oder Kirchweih gebacken. Die Originalrezepte enthalten bis zu 20 Eigelb. Dadurch war das Gebäck, besonders in früheren Zeiten, sehr wertvoll. Die Zubereitungsart ist etwas außergewöhnlich, aber das köstliche Ergebnis gibt ihr recht.

1. Die Butter 1 Minute cremig rühren. Den Vanillinzucker, das Salz und die Zitronenschale unterrühren. Die Eigelbe einzeln nach und nach unterarbeiten. Das Mehl, die saure Sahne und den Schnaps abwechselnd unterarbeiten. Alles sorgfältig verkneten, so dass ein fester Teig entsteht. Den Teig 45 Minuten ruhen lassen.

2. Den Teig in 16 Portionen teilen und die Teigstücke rund auf einer bemehlten Arbeitsfläche möglichst dünn ausrollen. Ein Stück Frischhaltefolie über eine Schüssel legen und einen Teigfladen darauflegen. Wieder ein Stück Frischhaltefolie darauflegen und so fortfahren, bis die Teigstücke verbraucht sind.

3. Das Butterschmalz portionsweise in einer Pfanne erhitzen und je einen Teigfladen in das heiße Fett geben. Sofort mit zwei Holzlöffeln zusammenschieben und bei mittlerer Hitze ca. 1 Minute goldbraun backen. Dann umdrehen und eine weitere Minute backen. Herausnehmen, üppig mit Puderzucker bestäuben und sofort servieren.

Zutaten (für 16 Stück)
80 g weiche Butter
1 Päckchen Vanillinzucker
1 Prise Salz
½ TL abgeriebene Zitronenschale
5 Eigelb
300 g Mehl
5 EL saure Sahne (zimmerwarm)
2 EL Zwetschgenschnaps
200 g Butterschmalz
Puderzucker
Mehl zum Bearbeiten

Kirchweihkuchen

Der Tag, an dem eine neue Kirche geweiht wurde, war von alters her ein großer Festtag. Man wählte für dieses Fest einen Tag zwischen Ende August und Michaelis (29. September). Die Ernte war zu dieser Zeit schon eingebracht, und man konnte üppige Kuchen backen. Die ganze Familie feierte mit Freunden und Bekannten, oft mehrere Tage lang.

Zutaten (für ein Blech)
600 g weiche Butter
800 g Mehl
1 TL Backpulver
500 g Zucker
Salz
6 Eier
1 Vanilleschote
1 kleine Bio-Zitrone
1 kg Magerquark
250 g Schmant
60 g Speisestärke
1 kg Äpfel

1. 450 g Butter schmelzen lassen und vom Herd nehmen. Das Mehl, das Backpulver, 300 g Zucker und ½ TL Salz mischen. Die geschmolzene Butter und 2 Eier zugeben und alles zu einem glatten Teig verkneten und zugedeckt kalt stellen.

2. Die Vanilleschote längs einritzen und das Mark mit einem Teelöffel herauskratzen. 150 g Butter, 200 g Zucker und das Vanillemark cremig rühren. Die Zitrone waschen und trockenreiben. Die Schale abreiben und die Zitrone auspressen. Die Buttermischung, den Quark, den Schmant, Zitronensaft und -schale, 4 Eier und die Stärke glatt verrühren.

3. Die Äpfel schälen, entkernen und in kleine Stücke schneiden. Die Fettpfanne des Backofens fetten und knapp zwei Drittel des Teiges als Boden darauf festdrücken. Zuerst die Apfelstücke, dann den Quark darauf verteilen. Den übrigen Teig als Streusel auf dem Kuchen verteilen und im heißen Ofen bei 200 °C 45–50 Minuten backen.

Einschulung

Einschulungsbrezel

Die Tradition, den kleinen Erstklässlern den Eintritt in die Schule zu versüßen, gibt es bereits seit Anfang des 19. Jahrhunderts. In vielen Teilen Deutschlands wurden den Kindern selbstgebackene Brezeln, Wecken oder Kuchen geschenkt. Heute ist die mit allerlei kleinen Überraschungen und Süßigkeiten gefüllte Schultüte am ersten Schultag nicht mehr wegzudenken.

1. Das Mehl in eine Schüssel geben und eine Mulde hineindrücken. 125 ml Milch lauwarm erwärmen. Die Hefe in die Mulde bröckeln, 1 TL von dem Zucker und 5 EL von der lauwarmen Milch zugeben. Mit etwas Mehl in der Mulde zu einem Vorteig verrühren. Zugedeckt an einen warmen Ort ca. 20 Minuten gehen lassen.

2. Die Butter schmelzen, vom Herd nehmen. 1 Ei trennen, das Eigelb zur Seite stellen. Die übrige Milch und den Zucker, das ganze Ei, das Eiweiß, das Salz und die geschmolzene Butter zum Vorteig geben und alles gut verkneten. Den Teig an einem warmen Ort zugedeckt 1 Stunde gehen lassen.

3. Den Teig nochmals durchkneten und auf einer bemehlten Arbeitsfläche zu einem langen Strang (ca. 1 m) ausrollen. Den Strang auf einem mit Backpapier ausgelegten Backblech zu einer Brezel formen. Mit einem Küchentuch abdecken und nochmals 15 Minuten gehen lassen. Das übrige Eigelb und 2 EL Milch verquirlen und die Brezel damit bestreichen. Mit Hagelzucker bestreuen und im heißen Ofen bei 180 °C in 35–40 Minuten goldgelb backen.

Zutaten (für eine Brezel)
375 g Mehl
125 ml + 2 EL Milch
½ Würfel frische Hefe
75 g Zucker
75 g Butter
2 Eier
1 Prise Salz
Mehl zum Bearbeiten

November

Seelengebäck

Allerseelen (2. November) ist heute eine katholische Gedächtnisfeier für alle Verstorbenen. Früher glaubte man, dass zu Allerseelen die Seelen der Verstorbenen zu Besuch kamen und Anspruch auf Speis und Trank hatten. Die süßen Hefebrötchen waren für sie bestimmt. Auch verteilte man das Gebäck an Bedürftige und Nachbarn zum Gedenken an die Toten. Noch heute wird dieses Gebäck an manchen Orten in Hessen zu Beerdigungen gebacken. Der Dank der Gäste soll dem Toten einen guten Platz im Jenseits sichern.

1. Das Mehl in eine Schüssel geben und in die Mitte eine Mulde drücken. Die Milch lauwarm erwärmen. Die zerbröckelte Hefe, 1 gute Prise von dem Zucker und die Hälfte der Milch in die Mulde geben und mit etwas Mehl zu einem Vorteig verrühren. Zugedeckt 20 Minuten an einem warmen Ort gehen lassen.

2. 1 Ei trennen, das Eigelb zur Seite stellen. 2 Eier, 1 Eiweiß, 1 Prise Salz, den übrigen Zucker und die übrige Milch zum Vorteig geben und alles zu einem glatten Teig verkneten. Die Butter nach und nach unterarbeiten. Nochmals zugedeckt 1 Stunde an einem warmen Ort gehen lassen.

3. Den Teig durchkneten und in zwölf Stücke teilen. Die Teigstücke zu länglichen Brötchen formen und auf ein mit Backpapier belegtes Blech legen.

4. Das Eigelb und die Sahne verquirlen und die Brötchen damit bestreichen. Mit Hagelzucker bestreuen. Im heißen Ofen bei 200 °C 20-25 Minuten goldgelb backen.

Zutaten (für 10–12 Stück)

500 g Mehl
250 ml Milch
1 Würfel frische Hefe
4–5 EL Zucker
3 Eier
Salz
125 g weiche Butter
2 EL Schlagsahne
Hagelzucker

Martinsgans

Am 11. November begann früher traditionell die vorweihnachtliche Fastenzeit, die bis Weihnachten dauerte. An diesem Tag durfte man nochmals richtig schlemmen. Der heilige St. Martin ist der Namensgeber dieser Festspeise. Um sein Leben ranken sich viele Sagen und Geschichten. Eine davon erzählt, dass er sich in einen Gänsestall versteckt haben soll, als man ihn zum Bischof von Tours machen und er dieses schwere Amt nicht annehmen wollte. Die Gänse verrieten ihn jedoch durch ihr lautes Geschnatter.

Zutaten (für 4–6 Personen)
3 Äpfel
2 große Zwiebeln
200 g gekochte Maronen (Esskastanien)
1 Scheibe altbackenes Weißbrot
1 EL getrockneter Majoran
Salz
Pfeffer
1 Prise Zucker
1 küchenfertige Gans (ca. 4 kg)
2 Lorbeerblätter
¾ l Hühnerbrühe
2 EL Mehl
Holzspießchen

1. Die Äpfel waschen, entkernen und klein schneiden. 1 Zwiebel schälen und grob würfeln. Die Maronen grob hacken. Das Weißbrot fein zerkrümeln. Äpfel, Zwiebelwürfel, Maronen, Brot, Majoran, Salz, Pfeffer und Zucker vermengen.

2. Die Innereien und sichtbares Fett aus der Gans entfernen. Die Innereien waschen und zur Seite legen. Die Gans von innen und außen waschen und trockentupfen. Die Gans innen und außen mit Salz und Pfeffer würzen. Die Füllung hineingeben und die Öffnung mit Spießchen zustecken.

3. Die Gans auf den Backofenrost legen, die Fettpfanne darunterschieben. 1 Zwiebel schälen und grob hacken. Die Innereien, die Zwiebel und die Lorbeerblätter auf die Fettpfanne geben und 300 ml Wasser angießen. Die Gans bei 180 °C 3 ½ Stunden braten. Dabei nach und nach die Hühnerbrühe angießen. Die Innereien nach 1 ½ Stunden entfernen.

4. 20 Minuten vor Bratzeitende die Gans mit kaltem Salzwasser bestreichen und den Ofen auf 200 °C hoch schalten. Nach Bratzeitende die fertige Gans im ausgeschalteten Ofen ruhen lassen. Den Bratenfond durch ein feines Sieb in einen Topf geben und entfetten. Das Mehl und 5 EL kaltes Wasser verrühren. Den Fond damit binden und 10 Minuten offen köcheln lassen. Die Soße mit Salz und Pfeffer würzen.

Tipp: Dazu schmecken Kartoffelklöße und Rotkohl.

Advent und Weihnachten

Candeel

In Holland wird das süffige Heißgetränk traditionell nach der Geburt eines Kindes in geselliger Runde mit Freunden und Verwandten genossen. Aber auch an frostigen Wintertagen schmeckt der hochprozentige Grog aus Wein, Zucker, Eiern und Gewürzen. Hier kommt eine feurig-fruchtige Variante mit braunem Rum und Orangensaft.

1. Die Orange waschen, trockenreiben und die Schale fein abreiben. Die Orange auspressen. Die Eier und den Zucker ca. 5 Minuten auf einem heißen Wasserbad dickcremig rühren. Vom Herd nehmen.

2. Die Orangenschale, den Orangensaft und den Zimt unterrühren. Die Eiercreme wieder auf das heiße Wasserbad setzen, den Wein und den Rum langsam unter regelmäßigem Rühren zugießen und erhitzen (nicht kochen!). Candeel in vorgewärmte Gläser geben, mit Muskat bestäuben und sofort servieren.

Zutaten (für 8–10 Gläser)

1 Bio-Orange
4 Eier
130 g Zucker
je ½ TL gemahlener Zimt
1 Flasche trockener Weißwein
5 EL brauner Rum
geriebene Muskatnuss

Weckmann

„Niklaus ist ein guter Mann" singen die Kinder, wenn sie am Vorabend des 6. Dezembers ihre Stiefel aufstellen. Der Legende nach lebte der Bischof im 4. Jahrhundert. Man schreibt ihm viele gute Taten zu. Er soll unter anderem Kinder aus Seenot gerettet und Hungersnöte besiegt haben. Der süße Mann aus Hefeteig erinnert an den heiligen Nikolaus.

Zutaten (für ca. 10 Stück)
500 g Mehl
250 ml + 3 EL Milch
1 Würfel frische Hefe
125 g Zucker
60 g Butter
1 Prise Salz
1 Ei + 1 Eigelb
Mandelkerne, Pistazien, halbierte Belegkirschen, Hagelzucker und Rosinen zum Verzieren
Mehl zum Bearbeiten

1. Das Mehl in eine Schüssel geben und eine Mulde hineindrücken. 250 ml Milch lauwarm erwärmen. Die zerbröckelte Hefe, ½ TL von dem Zucker und 100 ml lauwarme Milch zugeben und mit etwas Mehl zu einem Vorteig rühren. Zugedeckt 20 Minuten gehen lassen.

2. Die Butter schmelzen, vom Herd nehmen. Die übrige Milch, den übrigen Zucker, das Salz, das Ei und die geschmolzene Butter zugeben und zu einem glatten Teig verkneten. Den Teig zugedeckt an einem warmen Ort 1 Stunde gehen lassen.

3. Den Teig nochmals durchkneten und auf einer bemehlten Arbeitsfläche 0,8 cm dick ausrollen. Die Weckmänner mit einem scharfen Messer ausschneiden oder mit einem Ausstecher (ca. 18 cm hoch) ausstechen. Das Eigelb und 3 EL Milch verquirlen und die Weckmänner damit bestreichen. Anschließend mit Mandelkernen, Pistazien, halbierten Belegkirschen, Hagelzucker und Rosinen verzieren. Im heißen Ofen bei 200 °C 18-20 Minuten goldbraun backen.

Christstollen

Der Stollen ist ein sehr altes christliches Symbol. Die Form dieses gehaltvollen Weihnachtsgebäcks soll an das gewickelte Jesuskind in der Krippe erinnern. Er wird überall in Deutschland zu Weihnachten gebacken. Die Christstollen aus Dresden sind die berühmtesten; sie haben eine lange Tradition und werden zu Weihnachten in die ganze Welt verschickt.

Zutaten (für zwei Stollen)
1 kg Mehl
400 ml Milch
130 g Zucker
2 Würfel frische Hefe
Salz
2 Eier
600 g weiche Butter
je ½ TL Kardamom und Zimt (gemahlen)
½ TL abgeriebene Zitronenschale
250 g Rosinen
100 ml Orangensaft
200 g Mandelkerne
200 g Zitronat und Orangeat
100 g Puderzucker
Mehl zum Bearbeiten

1. Das Mehl in eine große Schüssel geben und in die Mitte eine große Mulde drücken. Die Milch lauwarm erwärmen. 1 EL von dem Zucker, die zerbröckelte Hefe und 150 ml lauwarme Milch zugießen und vorsichtig mit etwas Mehl verrühren. Den Vorteig zugedeckt an einem warmen Ort 30 Minuten gehen lassen.

2. Die übrige Milch, den übrigen Zucker, 1 Prise Salz, die Eier und 500 g Butter in Stückchen, den Kardamom, den Zimt und die Zitronenschale zum Mehl geben und alles zu einem glatten Teig verkneten. Den Teig zugedeckt an einem warmen Ort 1 Stunde gehen lassen.

3. Inzwischen die Rosinen in Orangensaft einweichen, die Mandeln, das Zitronat und das Orangeat fein hacken. Den Teig ausrollen und die abgetropften Rosinen, das Zitronat, das Orangeat und die Mandeln auf den Teig geben und unterkneten. Den Teig halbieren und auf einer bemehlten Arbeitsfläche zu zwei Laiben formen. Mit

einem Kochlöffelstiel die Mitte längs eindrücken und eine Seite etwas flacher rollen. Die flache Seite nach oben klappen und festdrücken. Mit dem anderen Laib ebenso verfahren und beide Stollen auf je einem mit Backpapier ausgelegten Backblech mit einem Küchentuch abdecken und nochmals 1 Stunde an einem warmen Ort gehen lassen.

4. Die Stollen im heißen Ofen bei 180 °C 1 Stunde backen. 100 g Butter schmelzen und die fertigen Stollen noch heiß mit der Butter bestreichen. Sofort dick mit Puderzucker bestäuben und auskühlen lassen. Fest einwickeln und an einem kühlen dunklen Ort 3–4 Wochen ziehen lassen.

Spekulatius

Die hübschen Plätzchen dürfen auf keinem Weihnachtsteller fehlen. Seit über 200 Jahren wird dieses traditionelle Gebäck zu Weihnachten hergestellt. Original werden die Plätzchen mit sogenannten Holzmodeln gebacken. Das sind aus Holz geschnitzte Hohlformen, die in den weichen Teig gedrückt werden. Der heilige St. Nikolaus, der Schutzpatron der Kinder, gab dem Gebäck den Namen. Er wurde früher Spekulator genannt und diente den Modelstechern oft als Vorbild.

1. Das Mehl und das Backpulver in einer Schüssel mischen und eine Mulde in die Mitte drücken. Den Zucker in die Vertiefung geben. Die Vanilleschote längs einritzen und mit einem Teelöffel das Mark herauskratzen. Das Vanillemark, die Eier, den Zimt, die Nelken, den Kardamom, den Kakao, die Zitronenschale, die Mandeln und die Butter in Stückchen zugeben. Alles sorgfältig verkneten und ½ Stunde kalt stellen.

2. Auf einer bemehlten Arbeitsfläche den Teig ca. 3 mm dick ausrollen. Modeln mit Mehl bestäuben und in den Teig drücken. Plätzchen ausschneiden und auf einem mit Backpapier belegten Blech bei 180 °C 15 Minuten backen.

Zutaten (für ca. 90 Stück)

500 g Mehl
1 TL Backpulver
280 g Zucker
1 Vanilleschote
2 Eier
½ TL Zimt (gemahlen)
je 1 Msp. Nelken und Kardamom (gemahlen)
1 TL Kakaopulver
½ TL abgeriebene Zitronenschale
150 g gemahlene Mandeln
250 g Butter
Mehl zum Bearbeiten

Lebkuchen

Lebkuchen gehören zu den ältesten Weihnachtsbäckereien. Schon im frühen Mittelalter stellten einige Zünfte Lebkuchen her. Die Zutaten waren teuer, besonders die typischen Gewürze waren damals eine Kostbarkeit und mussten von weither beschafft werden. Auch in Klöstern wurden Lebkuchen gebacken, da die Zutaten als gesund, heilend und appetitanregend galten.

Zutaten (für ca. 25 Stück)
100 g Walnusskerne
100 g Mandelkerne
3 Eier
200 g Zucker
Salz
1 kleine Bio-Orange
je ½ TL Zimt, Kardamom und Nelken, gemahlen
100 g Orangeat
50 g Bitterschokolade
50 Backoblaten (7 cm Ø)
150 g Puderzucker
5–6 EL brauner Rum
halbierte Belegkirschen
150 g Zartbitter-Kuvertüre
Mandelkerne

1. Die Walnüsse und Mandeln fein mahlen. Die Eier, den Zucker und 1 Prise Salz 5 Minuten cremig rühren. Die Walnüsse und Mandeln unterrühren. Die Orange waschen und trockenreiben. Die Schale fein abreiben. Die Orange halbieren und eine Hälfte auspressen. Den Orangensaft, die -schale und die Gewürze zum Teig geben und unterrühren.

2. Das Orangeat fein hacken, die Schokolade reiben. Beides zugeben und unterrühren. Den Teig zugedeckt über Nacht kalt stellen.

3. Die Lebkuchenmasse mit einer Lochtülle auf die Oblaten spritzen, dabei einen dünnen Rand freilassen. Im heißen Ofen bei 160 °C 20 Minuten backen. Die fertigen Lebkuchen auskühlen lassen.

4. Den Puderzucker und den Rum verrühren, die Hälfte der Lebkuchen damit bestreichen und je eine Belegkirsche daraufsetzen. Die Kuvertüre über einem heißen Wasserbad schmelzen und die übrigen Lebkuchen damit bestreichen. Sofort einen Mandelkern daraufsetzen und trocknen lassen.

Springerle

Die traditionellen Weihnachtsplätzchen werden nur mit Anis und Zitrone gewürzt und auf sehr besondere Art hergestellt. Teig und fertige Plätzchen brauchten lange Ruhezeiten, um Konsistenz und Aroma zu entwickeln. Für die hübschen Motive werden geschnitzte Holzmodeln mit volkstümlichen Weihnachtsmotiven in den fertigen Teig gedrückt. Ihren Namen haben Sie, weil sie sich beim Backen heben, sie „springen".

Zutaten (für ca. 70 Stück)

1 EL weiche Butter
½ Tasse Anissamen
½ Vanilleschote
2 Eier
250 g Zucker
1 TL abgeriebene Zitronenschale
300 g Mehl
Mehl zum Bearbeiten

1. 2 Backbleche mit Butter einfetten und mit Anissamen gleichmäßig bestreuen. Die Vanilleschote längs einritzen und mit einem Löffel das Mark entfernen.

2. Die Eier 5 Minuten schlagen, bis sie dickcremig sind. Den Zucker nach und nach sorgfältig unterschlagen. Die Zitronenschale und das Vanillemark unterrühren. Das Mehl nach und nach unterrühren. Den Teig auf einer bemehlten Arbeitsfläche 5 Minuten durchkneten, bis er geschmeidig ist.

3. Den Teig halbieren und auf einer bemehlten Arbeitsfläche zu je einem ca. ½ cm dicken Rechteck ausrollen. Die bemehlten Modeln dicht an dicht tief in den Teig drücken. Die Plätzchen mit einem Messer trennen, auf den Blechen verteilen und leicht in die Anissamen drücken. 24 Stunden offen stehen lassen.

4. Die Springerle bei 130 °C 20-30 Minuten backen, sie sollen dabei nicht braun werden. Die fertigen Plätzchen auf einem Gitter auskühlen lassen und zwei Tage offen stehen lassen. Die übrigen Anissamen in Blechdosen verteilen und die Springerle darin aufbewahren.

Baseler Leckerli

Diese Schweizer Spezialität blickt auf eine 600-jährige Tradition zurück und ist in der ganzen Welt bekannt. Nur erlesene Zutaten wie Honig, Mandeln, kandierte Früchte und die typischen Gewürze Zimt, Nelken und Muskat werden für die süße Spezialität verbacken. Echte Baseler zerbeißen das Gebäck nicht, sondern brechen es in Stücke und lassen es im Munde zergehen.

Zutaten (für ca. 75 Stück)
300 g Honig
100 g Zucker
130 g Butter
400 g Mehl
1 Päckchen Backpulver
je 1 TL Zimt und Nelken (gemahlen)
½ TL geriebene Muskatnuss
150 g Walnusskerne
100 g Zitronat
5 EL Kirschwasser
100 ml Orangensaft
150 g Puderzucker

1. Den Honig, den Zucker und die Butter in einen Topf geben. Unter Rühren erhitzen, bis sich der Zucker gelöst hat. Die Masse lauwarm abkühlen lassen. Das Mehl, das Backpulver und die Gewürze mischen.

2. Die Walnusskerne und das Zitronat hacken. Die Mehlmischung über die Honigmasse sieben. Die Walnusskerne, das Zitronat, 3 EL Kirschwasser und die Hälfte des Orangensafts zugeben. Alles zu einem glatten Teig verkneten.

3. Den Teig auf ein mit Backpapier ausgelegtes Blech streichen. Dann einen Löffel mehrmals mit Wasser anfeuchten und die Masse damit glatt streichen. Im heißen Ofen bei 180 °C 20–25 Minuten backen.

4. Den Puderzucker, das übrige Kirschwasser und den Orangensaft zu einem glatten Guss verrühren. Den Kuchen aus dem Ofen nehmen und den Guss sofort darauf verteilen. Den Kuchen abkühlen lassen und in Rauten schneiden.

Throner Kathrinchen

Die Figuren aus üppigem Honigkuchenteig werden zu Ehren der heiligen Katharina gebacken. Am 25. November wird ihrer gedacht und traditionell mit der Weihnachtsbäckerei begonnen. Der Legende nach war die intelligente Frau aus Alexandrien überzeugte Christin und lebhaften theologischen Diskussionen zugetan.

Zutaten (für ca. 45 Stück)
300 g Honig
80 g Butter
60 g brauner Zucker
2 Eier
je 1 Msp. Kardamom und Ingwer (gemahlen)
je ½ TL Zimt, Nelken und Muskatblüte (gemahlen)
2 TL Pottasche
5 EL brauner Rum
300 g Weizenmehl
120 g Roggenmehl
100 g gemahlene Mandeln
Mehl zum Bearbeiten

1. Den Honig, die Butter und den Zucker unter Rühren schmelzen lassen, bis sich der Zucker gelöst hat. Vom Herd nehmen und etwas abkühlen lassen. Die Eier und die Gewürze 2 Minuten schaumig rühren. Die Pottasche in Rum auflösen. Die Eier- und Honigmischung zügig verrühren. Das Mehl und die Mandeln abwechselnd mit der aufgelösten Pottasche unterrühren und alles zu einem glatten Teig verkneten. Den Teig zugedeckt 1 Tag kühl stellen.

2. Den Teig auf einer bemehlten Arbeitsfläche ½ cm dick ausrollen und mit einer Kathrinchen- bzw. Weckfrauform (ca. 10 cm hoch) ausstechen. Auf einem mit Backpapier ausgelegten Backblech bei 180 °C 15–18 Minuten backen. Auskühlen lassen und evtl. mit Zuckerguss verzieren.

Weihnachtskarpfen

Der 24. Dezember fiel früher noch in die vorweihnachtliche Fastenzeit, und so entstanden vielerorts weihnachtliche Festessen mit Fisch statt mit Fleisch oder Geflügel. In Deutschland gehen die Vorlieben auseinander. Im Norden bevorzugt man eher Karpfen „blau", im Süden mag man ihn lieber gebraten. Auch in Osteuropa wird von alters her gebratener Karpfen zu Weihnachten gegessen. Dort serviert man gerne Kartoffelsalat dazu.

Zutaten (für 4 Personen)

1 Spiegelkarpfen (küchenfertig, 2,5 kg)
2 Eier
100 g Mehl
100 g Semmelbrösel
Salz
Pfeffer
100 g Butter

1. Den Karpfen waschen und trockentupfen. Den Karpfen quer in 8 Stücke schneiden. Die Eier verquirlen und in einen großen Teller mit Rand geben. Das Mehl und die Semmelbrösel getrennt auf flachen Tellern verteilen. Die Karpfenstücke salzen und pfeffern und nacheinander in Mehl, Ei und Semmelbrösel wenden.

2. Die Hälfte der Butter in einer Pfanne erhitzen und die Hälfte der Fischstücke darin von beiden Seiten je 3–4 Minuten bei mittlerer Hitze braten. Den fertigen Fisch warm stellen und die übrigen Fischstücke ebenso braten.

Plum Pudding

Die Geschichte dieses berühmten englischen Weihnachtsdesserts reicht bis ins Mittelalter zurück. Wie der Name schon sagt, bestand der Teig früher vor allem aus Backpflaumen. Dazu kamen Schwarzbrot, Schrot, Rosinen und Ingwer. Noch heute wird der Pudding Wochen vor Weihnachten zubereitet und am Weihnachtstag dann nochmals in der Form erhitzt.

Zutaten (für einen Pudding)
100 g Sukkade (Orangeat und Zitronat gemischt)
1 kleiner säuerlicher Apfel
150 g Weißbrot (vom Vortag)
200 g Rosinen
80 g gehackte Mandeln
1 Bio-Orange
1 Bio-Zitrone
150 g Butter
80 g Mehl
100 g brauner Zucker
je ½ TL Zimt, Piment und Nelken (gemahlen)
½ TL Salz
3 Eier
200 ml Weinbrand
Butter und Semmelbrösel für die Form

1. Orangeat und Zitronat fein hacken. Den Apfel schälen und fein würfeln. Das Brot zerbröseln. Die vorbereiteten Zutaten, die Rosinen und Mandeln in eine Schüssel geben.

2. Die Orange und die Zitrone waschen, trockenreiben und die Schale fein abreiben. Die abgeriebene Zitrusschale, die Butter, das Mehl, den Zucker, die Gewürze und das Salz zugeben und alles gut vermengen.

3. Die Zitrone halbieren, eine Hälfte auspressen. Die Orange ebenfalls auspressen. Die Eier schaumig rühren, den Weinbrand und den Zitrussaft zugeben und unterrühren. Die Eier-Weinbrand-Mischung über die Frucht-Brot-Masse geben und verrühren. Die Schüssel mit einem feuchten sauberen Küchentuch bedecken und über Nacht kalt stellen.

4. Den Teig durchrühren. Eine Puddingform (2 l Inhalt) buttern, mit Semmelbröseln ausstreuen. Den Teig hineingeben, die Form verschließen. Die Puddingform in einen großen Topf stellen und mit kochendem Wasser auffüllen, bis die Form zu zwei Dritteln im Wasser steht. Das Wasser aufkochen, den Topf verschließen. Den Pudding 3–4 Stunden kochen lassen. Verkochtes Wasser dabei nachgießen.

5. Den Pudding herausnehmen und auskühlen lassen. Den Pudding stürzen und fest in Frischhaltefolie, dann in Alufolie wickeln und 3 Wochen im Kühlschrank ziehen lassen.

6. Vor dem Servieren wird der Pudding wieder in die Form gesetzt und auf die gleiche Weise wie oben nochmals 1 Stunde gekocht. Dazu schmeckt Vanillesoße.

Dänischer Schweinebraten mit Äpfeln und Pflaumen

In unserem Nachbarland Dänemark haben Ackerbau und Viehzucht eine lange Tradition. Schweinefleisch wird dort besonders gerne gegessen, und so steht auch an Weihnachten ein krosser Schweinebraten auf dem Tisch. Traditionell wird das recht fette Essen mit Gewürzen, Alkohol und gekochten Früchten serviert, um die schwere Kost für den Magen verträglicher zu machen.

Zutaten (für 6–8 Personen)
2 kg Schweinebraten mit Schwarte
Salz
2 Zwiebeln
1 EL mittelscharfer Senf
Pfeffer
350 ml trockener Weißwein
1 Lorbeerblatt
4 rotschalige Äpfel
5 Stiele Majoran
2 kleine Zitronen
2 EL Zucker
500 g Backpflaumen (ohne Stein)
4 EL brauner Rum
1 Zimtstange
1 TL Speisestärke

1. Den Braten waschen und trockentupfen. Die Schwarte rautenförmig einschneiden. Den Boden eines Bratentopfes 1 cm hoch mit Salzwasser bedecken, aufkochen und den Braten mit der Schwarte nach unten hineinlegen und geschlossen 30 Minuten darin köcheln lassen. Die Zwiebeln schälen und vierteln.

2. Den Braten herausnehmen, trockentupfen und die Schwarte mit Senf einstreichen. Den Braten mit Salz und Pfeffer würzen. Mit der Schwarte nach oben auf den Rost des Backofens setzen und die Fettpfanne darunterschieben. 500 ml Wasser, 100 ml Wein, die Zwiebeln und das Lorbeerblatt in die Fettpfanne geben. Den Braten bei 220 °C 30 Minuten braten. Dann auf 180 °C schalten und 1 ½–2 Stunden weiterbraten.

3. Die Äpfel waschen, vierteln, entkernen und in Spalten schneiden. Den Majoran waschen. Die Zitronen auspressen. 250 ml Weißwein, die Hälfte des Zitronensafts, den Majoran und 1 EL Zucker aufkochen. Die Äpfel hineingeben und 5 Minuten darin garen. Vom Herd nehmen.

4. Die Pflaumen, den Rum, den übrigen Zitronensaft, die Zimtstange und 1 EL Zucker langsam aufkochen und 10 Minuten dünsten. Den Braten aus dem Ofen nehmen und kurz ruhen lassen. Den Bratenfond durch ein feines Sieb in einen Topf gießen und aufkochen. Die Stärke mit 1 EL kaltem Wasser verrühren. Die Soße damit binden und 5 Minuten köcheln lassen. Die Äpfel und Pflaumen abtropfen lassen und mit dem Braten auf einer Platte anrichten. Dazu schmecken Kartoffeln und Rotkohl.

Tipp: Wer auf die heißen Früchte verzichten möchte, serviert zu Braten und Rotkohl in Zucker glasierte kleine Kartoffeln.

Bûche de Noël

Übersetzt heißt dieses französische Weihnachtsdessert „Weihnachtsscheit". Früher wurde am kürzesten Tag im Jahr, dem Tag der Wintersonnenwende, dem 21. Dezember, ein großes Holzscheit im Kamin verbrannt. Auf diese Weise dankten die Leute für die Rückkehr der Sonne. An diese alte Tradition erinnert eine Süßspeise, eine gefüllte Biskuitroulade.

Zutaten (für eine Biskuitrolle)

BISKUIT
80 g Butter
6 Eier
130 g + 3–4 EL feiner Zucker
150 g Mehl

CREME
80 g Zartbitter-Schokolade
250 g weiche Butter
2 EL Kakaopulver (30 g)
2 EL guter Cognac
2 Eier + 3 Eigelb
100 g feiner Zucker
1 Prise Salz
1 EL gehackte Pistazien

1. Die Butter schmelzen und vom Herd nehmen. Die Eier trennen. Das Eigelb und 130 g Zucker über einem heißen Wasserbad 5 Minuten cremig schlagen. Das Eiweiß steif schlagen. Das Mehl über die Eiercreme sieben, die flüssige Butter und die Hälfte des Eischnees zugeben. Alles vermengen. Den übrigen Eischnee zugeben und unterheben.

2. Die Masse auf ein mit Backpapier ausgelegtes Backblech geben und verstreichen. Bei 180 °C 12-15 Minuten goldgelb backen. Die heiße Teigplatte auf ein sauberes, mit 3-4 EL Zucker bestreutes Küchentuch stürzen. Die Papierfläche sofort mit kaltem Wasser bepinseln und vorsichtig abziehen. Die Teigplatte sofort aufrollen.

3. Die Schokolade über einem heißen Wasserbad schmelzen lassen und etwas abkühlen lassen. Die weiche Butter und den Kakao verrühren. Die Schokolade und den Cognac unterrühren. Die Eier, die Eigelbe, 100 g Zucker und 1 Prise Salz 5 Minuten cremig schlagen und mit der Schokoladenmasse verrühren. Kalt stellen.

4. Die Biskuitrolle aufrollen und mit der Hälfte der Creme bestreichen. Den Biskuit aufrollen, mit der Nahtstelle nach unten auf eine Platte setzen. Mit der übrigen Schokoladenmasse bestreichen und mit einer Gabel Längsrillen in die Creme ziehen. Mit Pistazien bestreuen und kühl stellen.

Besondere Anlässe

Geburtstagskuchen

Früher war süßes Zuckergebäck nur Königen und dem Adel vorbehalten. Zucker war bis ins 19. Jahrhundert unerschwinglich teuer. Erst als er aus den billigen Zuckerrüben hergestellt werden konnte, war es auch für einfache Leute möglich, in den eigenen vier Wänden süße Kuchen herzustellen. So wurde es auch bald Brauch, an Geburtstagen einen Kuchen zu backen. Bei Kindern werden oft die Lebensjahre in Form von Kerzen auf den Kuchen gesteckt.

Zutaten (für einen Kuchen)
350 g weiche Butter
300 g Zucker
½ TL Salz
5 Eier
2 Bio-Zitronen
300 g Mehl
80 g Speisestärke
1 gehäufter TL Backpulver
Puderzucker
Mehl und Fett für die Form

1. Die Butter 2 Minuten cremig rühren. Zwei Drittel des Zuckers und das Salz zugeben und so lange weiterschlagen, bis sich der Zucker gelöst hat. Die Eier trennen, das Eigelb zur Butter-Zucker-Mischung geben und alles 5 Minuten cremig aufschlagen.

2. Die Zitronen waschen, trockenreiben und die Schale fein abreiben. 1 Zitrone halbieren und die Hälfte auspressen. Zitronenschale und -saft zugeben und unterrühren. Mehl, Stärke und Backpulver mischen, über die Ei-Butter-Masse sieben und zügig unterarbeiten.

3. Das Eiweiß steif schlagen und dabei den übrigen Zucker einrieseln lassen. Den Eischnee sorgfältig unter den Teig heben. Den Teig in eine gefettete und mit Mehl bestäubte Napfkuchenform geben und bei 180 °C 1 Stunde backen. Auskühlen lassen und mit Puderzucker bestäuben.

Zwieback mit Zuckerperlen (Geburt)

Dieser Brauch ist zwar nicht uralt, aber besonders schön! In Holland bekommen junge Mütter nach der Geburt ihres Kindes gebutterten Zwieback mit süßen Anisstreuseln gebracht. Für ein kleines Mädchen werden rosa Streusel verwendet, für einen kleinen Jungen die hellblaue Variante.

Zutaten (für ca. 60 Stück)
500 g Mehl
1 Päckchen Trockenhefe
100 g Zucker
1 Prise Salz
250 ml Milch
60 g + 3 EL weiche Butter
holländische Anisstreusel (hellblau oder rosa)
Mehl zum Bearbeiten

1. Das Mehl in eine Schüssel geben und mit Hefe, Zucker und Salz vermengen. Die Milch lauwarm erwärmen und zu der Mehlmischung geben. Alles zu einem glatten Teig verkneten. Den Teig zugedeckt an einem warmen Ort 1 Stunde gehen lassen.

2. 60 g Butter sorgfältig unter den Teig arbeiten. Den Teig nochmals zugedeckt 1 Stunde gehen lassen. Den Teig halbieren und auf einer bemehlten Arbeitsfläche zu zwei Strängen (à ca. 28 cm) formen. Bei 180 °C 1 Stunde backen. Auskühlen lassen, in ca. 30 Scheiben schneiden und nochmals bei 160 °C 30 Minuten backen.

3. Den Zwieback mit 3 EL Butter bestreichen und üppig mit den Streuseln bestreuen.

Hildegards Nervenkekse

Im Jahre 1098 erblickte in Bermersheim bei Alzey eine außergewöhnliche Frau das Licht der Welt: Hildegard von Bingen, ein Multitalent mit vielerlei Visionen. Sie gründete zwei Klöster, sie dichtete, sang und komponierte. Sie wurde von den Mächtigen ihrer Zeit um Rat gefragt. Auch Ratschläge zu Gesundheit und Wohlbefinden stammen aus ihrer Feder. Dinkel war für sie die wertvollste unter den Getreidesorten. Sie schreibt: „ ... Dinkel gibt ein fröhliches Gemüt und die Gabe des Frohsinns ...".

Zutaten (für ca. 50 Stück)
100 g gemahlene Mandeln
220 g Dinkelmehl
100 g Butter
60 g Honig
1 Ei
je ½ TL Zimt, Nelken und Muskat (gemahlen)
1 Prise Salz
Mehl zum Bearbeiten

1. Alle Zutaten zu einem glatten Teig verkneten. Den Teig auf einer bemehlten Arbeitsfläche zu zwei Rollen (à 25 cm) ausrollen und zugedeckt ½ Stunde kalt stellen.

2. Jede Rolle in 25 Scheiben schneiden und die Scheiben zu runden Keksen formen. Die Kekse auf ein mit Backpapier ausgelegtes Backblech verteilen und bei 180 °C 15-20 Minuten goldbraun backen.

Hochzeitskuchen

Einen prächtigen Kuchen zur Hochzeit zu backen, ist keine Idee unserer Tage. Schon die alten Römer haben zu Ehren dieses besonderen Tages einen süßen Mandelkuchen gebacken. Dieser trockene Kuchen wurde dann über den Köpfen des Brautpaares zerbröselt. Die damals sehr wertvollen Zutaten sollten dem jungen Paar Wohlstand bringen. Für das folgende Mandelkuchenrezept brauchen Sie zum Glück kein Vermögen ausgeben.

1. 200 g Mandeln fein mahlen. Die Orange waschen, trockenreiben und fein abreiben. Die Orange auspressen. Die Vanilleschote längs einritzen und mit einem Teelöffel das Mark herauskratzen.

2. Die Eier trennen. Das Eiweiß mit dem Salz steif schlagen. Das Eigelb und den Puderzucker 5 Minuten cremig schlagen. Die Orangenschale, das Vanillemark und den Zimt zur Eimasse geben und unterrühren. Den Eischnee unterheben. Gemahlene Mandeln, Mehl, Orangensaft und Olivenöl abwechselnd unterheben.

3. Den Teig in eine gefettete Springform (26 cm Ø) geben und bei 180 °C 35 Minuten backen. Die übrigen Mandelkerne längs halbieren. Nach 15 Minuten den Kuchen aus dem Ofen nehmen, mit den Mandelkernen verzieren und anschließend fertig backen.

Zutaten (für einen Kuchen)

250 g ungeschälte Mandelkerne
1 Bio-Orange
1 Vanilleschote
6 Eier
½ TL Salz
200 g Puderzucker
½ TL Zimt
80 g Mehl
5 EL Olivenöl
Fett für die Form

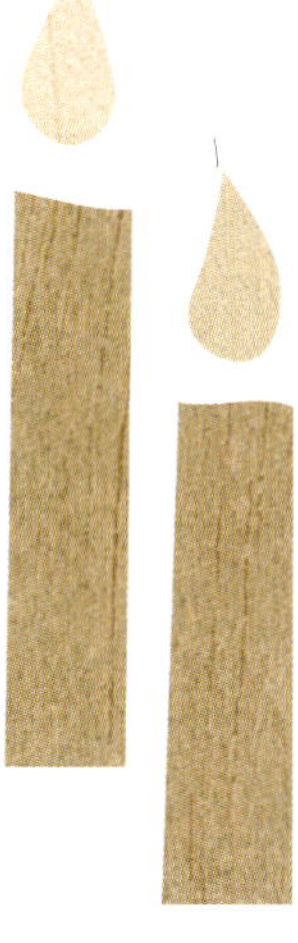

Godelsuppe (Taufe)

Diese gehaltvolle Suppe wurde früher als erster Menügang bei einer Taufe gereicht. Am Tauftag wird der Täufling offizielles Mitglied der Kirche. Eltern und Taufpaten geben an diesem Tag das Versprechen, das Kind in den christlichen Glauben einzuführen. So bekam auch diese köstliche Suppe ihren Namen – Godel bzw. Gode bedeutet Pate/Patin.

1. Das Huhn innen und außen gründlich waschen und in einen großen Topf geben. Das Huhn mit Wasser bedecken (ca. 3 Liter), aufkochen und den entstehenden Schaum abschöpfen. 1 Stunde köcheln lassen.

2. Den Lauch, die Möhren und den Sellerie putzen bzw. schälen, waschen und in grobe Stücke schneiden. Die Paprika halbieren, entkernen, waschen und grob würfeln. Die Petersilie waschen. Den Ingwer schälen und grob würfeln. Das Gemüse, die Petersilie, den Ingwer, 1 TL Salz und die Gewürze zum Huhn geben. Aufkochen und weitere 1 ½ Stunden köcheln lassen.

3. Das Huhn aus der Suppe nehmen und abkühlen lassen. Die Suppe durch ein feines Sieb in einen Topf gießen. Das Fleisch von Haut und Knochen lösen und in mundgerechte Stücke schneiden. Die Suppe aufkochen, mit Salz abschmecken und die Suppennudeln darin garen. Das Fleisch wieder in die Suppe geben und darin erhitzen.

Zutaten (für 10–12 Personen)

1 Suppenhuhn (2 kg)
1 große Stange Lauch
3 große Möhren
400 g Knollensellerie
1 rote Paprika
½ Bund Petersilie
1 walnussgroßes Stück Ingwer
Salz
2 Lorbeerblätter
5 weiße Pfefferkörner
3 Gewürznelken
½ TL Muskatblüte
1 Döschen (0,1 g) Safranfäden
200 g Suppennudeln

Beichtküchlein

Zu lernen, sich und anderen die eigenen Fehler einzugestehen, ist unangenehm. Aber genau dies wird bei der katholischen Beichte erwartet. Schon Kinder müssen dies lernen. In katholischen Gegenden bekamen die Kleinen nach dem Beichtgang eine Belohnung in Form dieser Waffeln. So wollte man ihnen den ungeliebten Gang zur Kirche zu versüßen.

Zutaten
(für ca. 10 Waffeln)
6 Eier
150 g + 2 EL weiche Butter
1 Vanilleschote
150 g Zucker
abgeriebene Schale 1 Bio-Orange
200 ml Schlagsahne
220 g Mehl
Puderzucker

1. Die Eier trennen. 150 g Butter und die Eigelbe 5 Minuten cremig rühren. Die Vanilleschote einritzen und das Mark herauskratzen. Die Hälfte des Zuckers, das Vanillemark und die Orangenschale zugeben und 2 Minuten weiterrühren.

2. Das Eiweiß steif schlagen, dabei den restlichen Zucker einrieseln lassen. Die Hälfte des Eischnees, die Sahne und das Mehl portionsweise unter die Eiercreme rühren. Den übrigen Eischnee unterziehen.

3. Das heiße Waffeleisen portionsweise mit 2 EL Butter bestreichen und jeweils 3 EL Teig in die Mitte des Eisens geben und goldbraune Waffeln backen. Mit Puderzucker bestäuben und servieren.

Zucker.

Register

Verwendete Literatur

Carius, Inge: Gebildbrot - Brauchtum im Jahres- und Lebenslauf, Königstein 1982;
Gerhard, Frank und Hans Joachim Döbbelin (Fotos): Kulinarische Köstlichkeiten. Weihnachten. Ein kulinarischer Kalender von Advent bis Neujahr. Künzelsau, o.J.;
Grüninger, Ursula: Backen. Mit 76 süßen und pikanten Rezepten, Künzelsau 1985;
Kulinarisch durchs christliche Leben: ein kleiner Jahresbegleiter durch Kirche und Küche, Mainz 1997;
Rias-Bucher, Barbara und Hans Joachim Döbbelin (Fotos): Kulinarische Köstlichkeiten Ostern, mit 60 Rezepten, Künzelsau 1994;
Schönfeldt, Sybil Gräfin von: Feste & Bräuche durch das Jahr, Berlin 1999.

Danksagung

Ich möchte meinem Vater und meiner Freundin Christiane ganz herzlich für ihre Unterstützung danken.

Bildnachweis

Maryam Schindler, Hamburg: 14, 19, 22, 25, 31, 33, 41, 42, 57, 63, 67, 71, 74, 79, 85;
Finken & Bumiller, Stuttgart, Chandima Soysa: 13, 37, 38, 47;
Magda Drostel: 64;
© Artpres - Fotolia.com: 26;
© ganzoben - Fotolia.com: 59;
© Jörg Beuge - Fotolia.com: 82.

Verlag und Autorin danken allen Rechteinhabern für die freundliche Genehmigung zum Abdruck.

Die Autorin

Ira König ist studierte Umwelt- und Gesundheitspädagogin und leidenschaftliche Köchin. Sie hat lange für namhafte Food-Zeitschriften als Redakteurin gearbeitet und ist heute als freie Food-Journalistin und Autorin erfolgreich. Es sind bereits zahlreiche Kochbücher von ihr erschienen (www.irakoenig.de), darunter u.a. bei Thorbecke „Für dich selbst gemacht".